SUBMARINO 1
cuaderno de actividades

María Eugenia Santana
Mar Rodríguez

Usa este código para acceder al
LIBRO DIGITAL
y al
BANCO DE RECURSOS
disponibles en

Ẽ digital LE
www.anayaeledigital.es

edelsa

1.ª edición: 2019
5.ª impresión: 2025

© Edelsa Grupo Didascalia, S. A. Madrid, 2019

© Autoras: María Eugenia Santana y Mar Rodríguez

Equipo editorial
Coordinación: María Sodore
Edición: María Sodore y Óscar Cerrolaza
Ilustraciones: Gustavo Mazali
Diseño de cubierta: Carolina García
Diseño y maquetación de interior: Ana Martínez
Corrección: Alicia Iglesia

Fotografías: 123 rf

Audio
Dirección de locución, composición de canciones y grabación:
Fernando Navarro y Mauricio Corretjé
Voces de la locución y de las canciones:
Isabel Dimas, Mercedes Salvadores y Mauri Corretjé

ISBN: 978-84-9081-104-7
Depósito legal: M-15679-2022

Impreso en España/*Printed in Spain*

PAPEL DE FIBRA
CERTIFICADO

- Las normas ortográficas seguidas en este libro son las establecidas por la Real Academia Española en su última edición de la *Ortografía*.
- La editorial Edelsa ha solicitado los permisos y las autorizaciones correspondientes y da las gracias a todas aquellas personas e instituciones que han prestado su colaboración.
- Las imágenes y documentos no consignados más arriba pertenecen al Departamento de Imagen de Edelsa.
- Cualquier forma de reproducción de esta obra solo puede ser realizada con la autorización de la editorial, salvo excepción prevista por la ley. Diríjase a CEDRO (Centro Español de Derechos Reprográficos, www.cedro.org) si necesita fotocopiar o escanear algún fragmento de esta obra.

ÍNDICE

Unidad 1 — ¡Hola! ¿Cómo te llamas? — Página 4

Unidad 2 — Esta es mi mochila — Página 14

Unidad 3 — ¿Qué ropa llevas? — Página 24

Unidad 4 — ¿Cómo eres? — Página 34

Unidad 5 — ¡Vamos al zoo! — Página 44

Unidad 6 — Esta es mi familia — Página 54

ICONOS

Escucha

Ordena

Recorta

Escribe/Dibuja

Juega

Dramatiza

Mira

Habla

Muévete

Repite

Colorea

Relaciona

Canta

Unidad 1

¡Hola! ¿Cómo te llamas?

 **1. Colorea y repasa.**

pulpo

niño

niña

profesora

 2. Escucha y relaciona.

Mate__
Tint__
Valentin__
submarin__
señorit__

o

a

cuatro

3. Encuentra el camino.

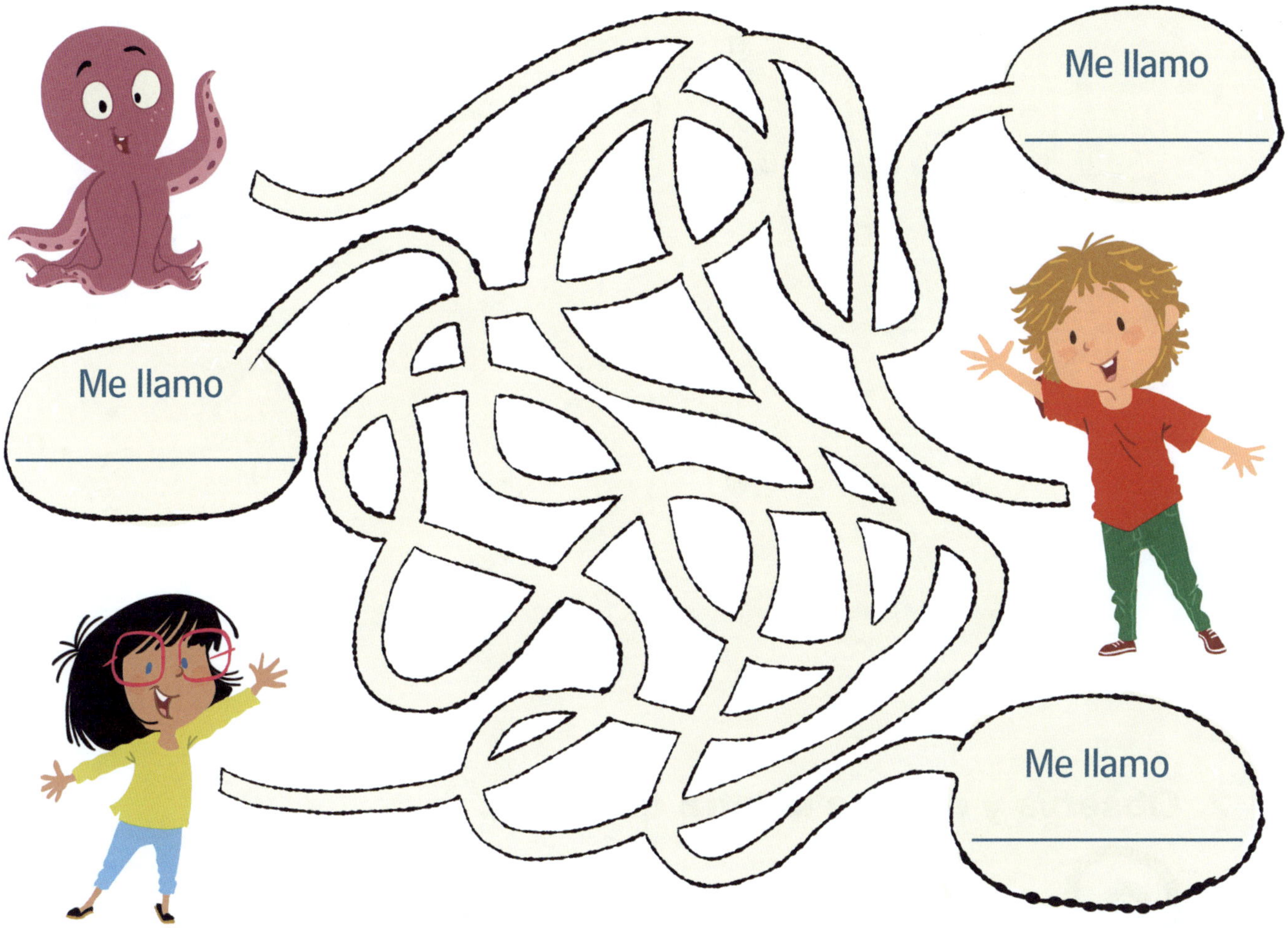

Me llamo ___

Me llamo ___

Me llamo ___

4. Relaciona y forma los días de la semana.

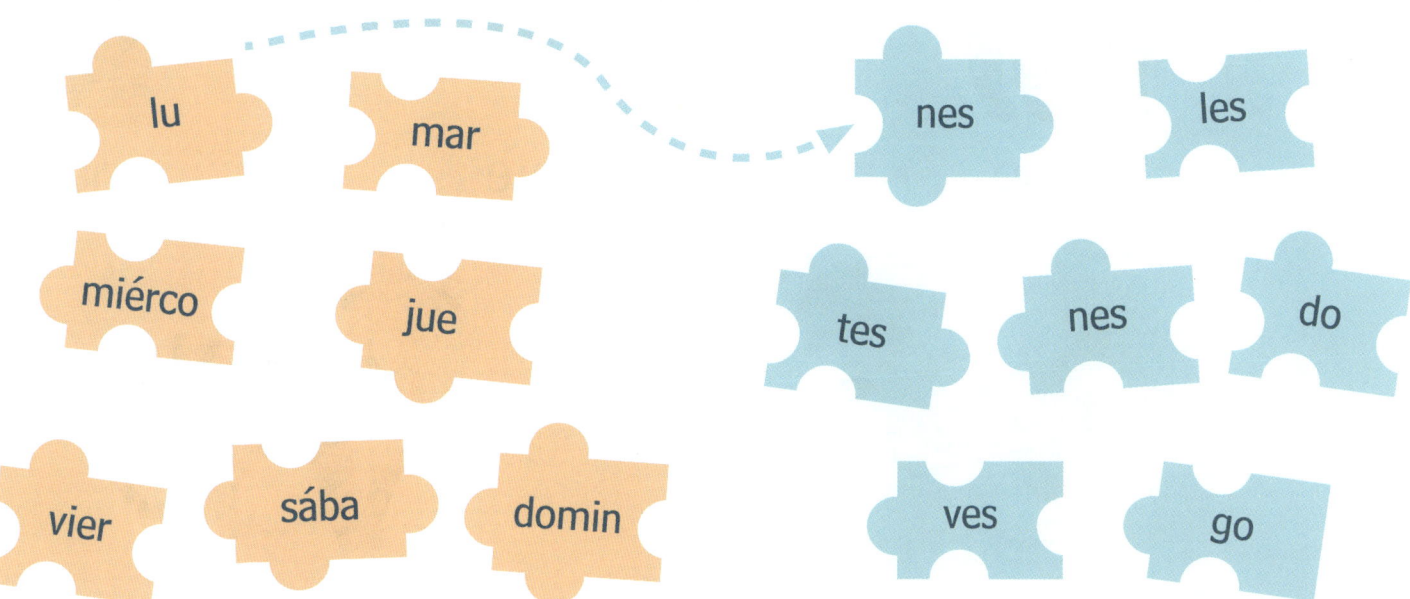

lu — nes
mar — tes
miérco — les
jue — ves
vier — nes
sába — do
domin — go

Unidad 1

 1. Une las letras y colorea el animal oculto.

 **2.** Observa y escribe la letra que falta.

__ono

__erpiente

__onejo

__erro

__igre

seis

3. Observa, escucha y colorea.

1. AEIOU

2. AEIOU

3. AEIOU

4. AEIOU

5. AEIOU

4. Observa el alfabeto, dibuja y repasa.

elefante

panda

Unidad 1

 1. Escucha y colorea en azul *Hola* y en verde *Adiós*.

a.  b.

c.  d.

e.  f.

 2. Escribe y di los números que faltan.

1 _ 3 _ 5 _ 7 _ 9 _

2 _ 4 _ 6 _ 8 _ 10

1 2 _ 4 _ _ 7 _ _ 10

10 _ 8 _ 6 _ 4 _ 2 _

8 ocho

LECCIÓN 3

 3. Escucha y escribe el número correspondiente.

 4. Relaciona.

1   2   3
4   5
6   7   8
9   10

cinco   siete   dos
diez   uno
nueve   seis   cuatro
tres   ocho

nueve

Unidad 1

LECCIÓN 4

 1. Relaciona cada icono con su mímica.

a.

b.

c.

d.

e.

f.

g.

h.

1.

2.

3.

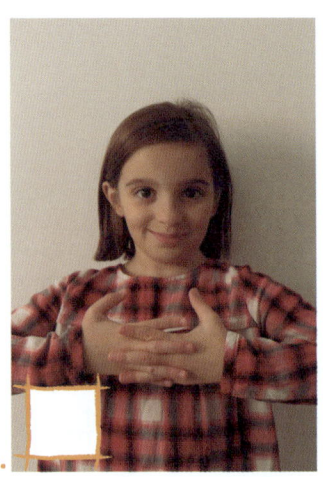
4.

5.

6.

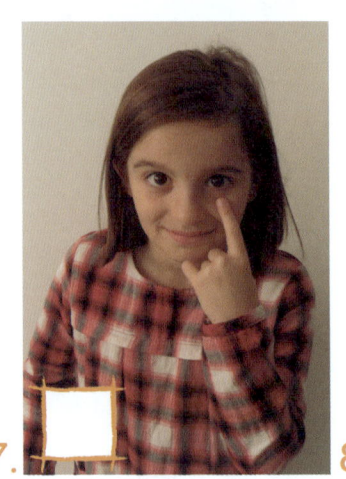
7.

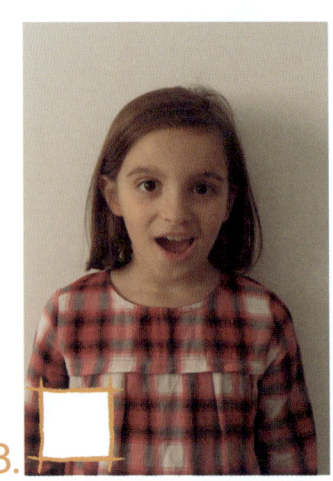
8.

10 diez

2. Repite y repasa.

Argentina    Perú
Cuba    México
Colombia

 3. Escucha y escribe el número.

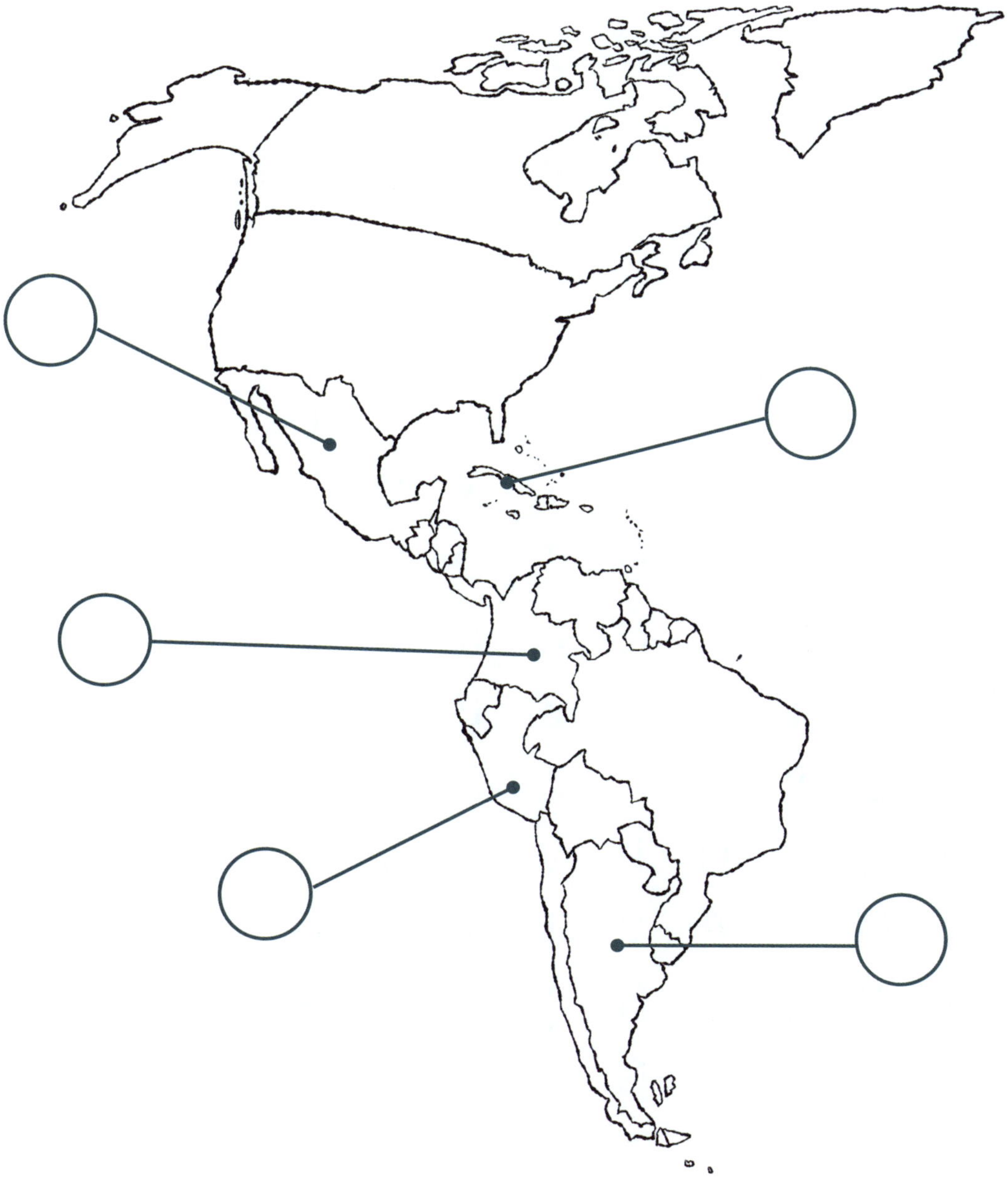

Unidad 1

 **1. Escribe la letra que falta.**

hi__opótamo   os__   __orro   l__ón

elefan__e   va__a   g__to   de__fín

 2. Encuentra los nombres.

P	R	O	F	E	S	O	R	A	K
S	U	B	M	A	R	I	N	O	Y
H	A	L	E	T	N	I	D	I	P
X	Y	D	N	I	Ñ	O	B	E	Z
Y	L	Y	I	Y	X	Z	E	V	N
P	M	O	B	H	Z	Z	S	T	G
P	U	L	P	O	L	V	O	V	B
J	O	M	K	P	V	T	T	I	G
I	B	C	J	I	N	I	Ñ	A	P
V	Q	Z	P	R	G	K	I	R	E

- niño
- niña
- pulpo
- submarino
- profesora

12 doce

Repasa

3. Escribe el número y repasa las letras.

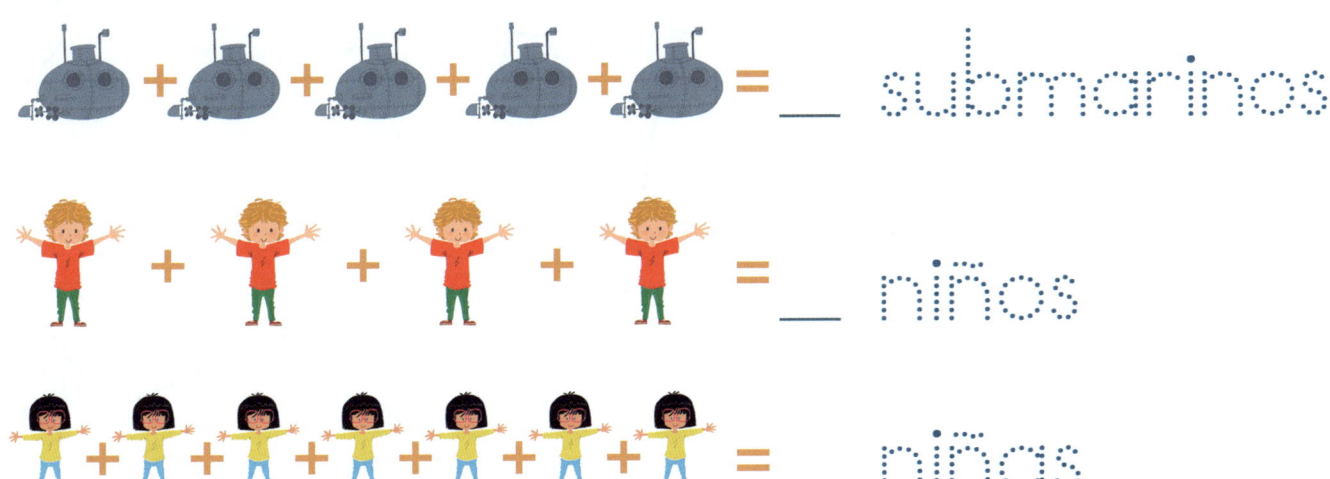

= __ submarinos

= __ niños

= __ niñas

4. Dibuja.

| un submarino | cinco submarinos |
| ocho submarinos | tres submarinos |

Unidad 2

Esta es mi mochila

1. Repasa, relaciona y colorea.

un lápiz

una goma

unas tijeras

un sacapuntas

un cuaderno

un libro

un pegamento

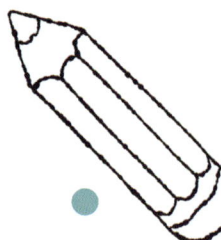
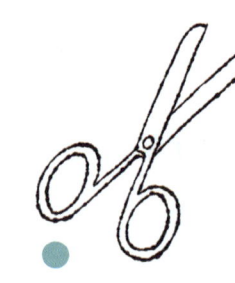
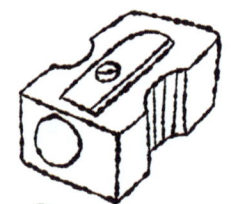

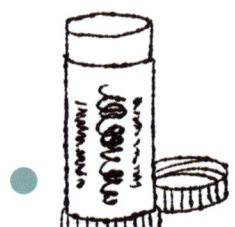

2. Dibuja.

| una goma amarilla | un lápiz verde | un cuaderno azul |

| dos gomas amarillas | dos lápices verdes | dos cuadernos azules |

catorce

3. Colorea la *o* y la *a* y clasifica.

cuadern**o**   mochil**a**

mes**a**   gom**a**   sill**a**

libr**o**   pegament**o**

un	una
cuadern**o**	mochil**a**

4. Relaciona.

unas tijeras
una mochila
una goma
unos rotuladores
un lápiz
un sacapuntas

quince 15

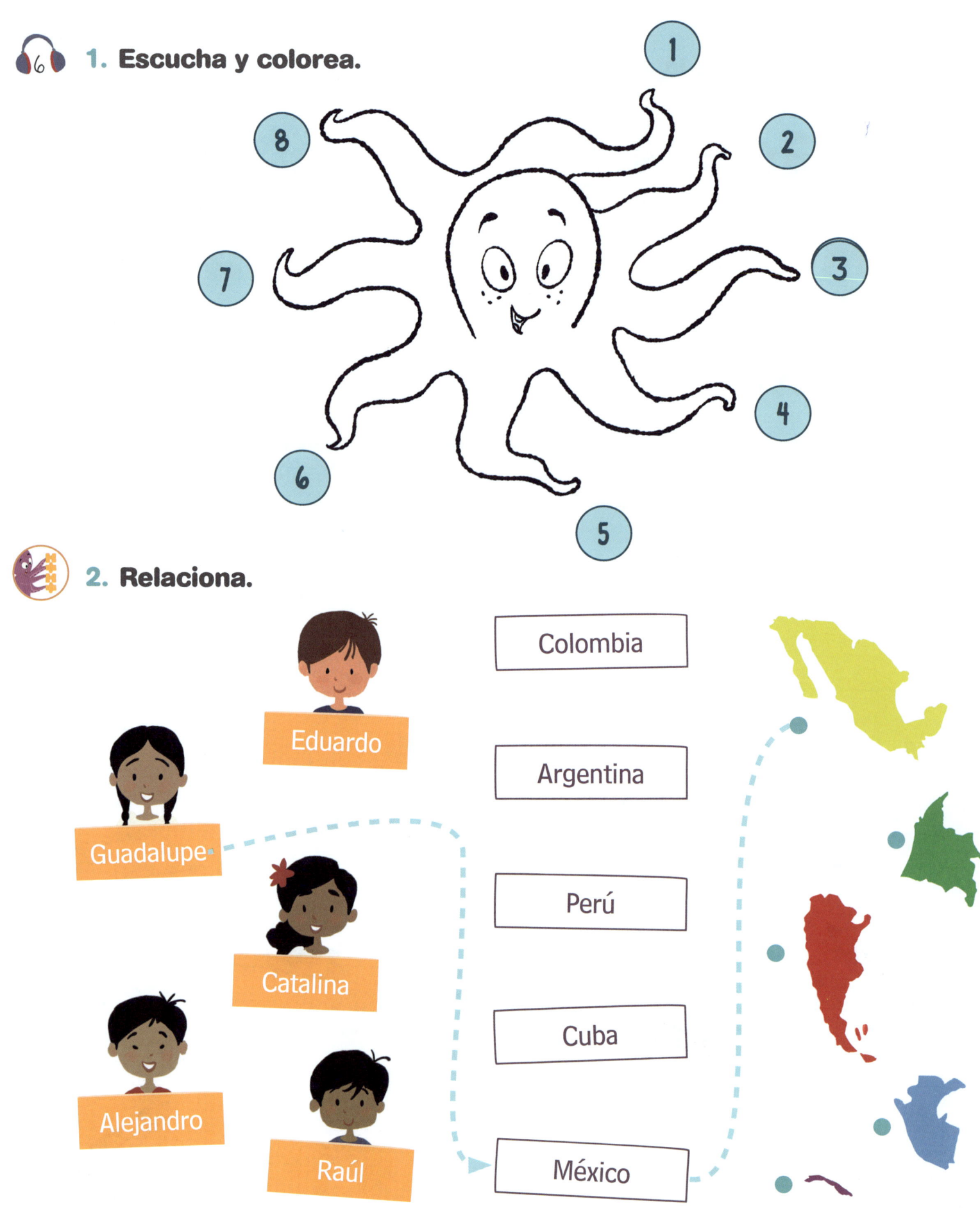

LECCIÓN 2

3. Observa, dibuja y escribe.

- Tengo diez años. — Eduardo
- Tengo siete años. — Guadalupe
- Tengo nueve años. — Catalina
- Tengo ocho años. — Alejandro
- Tengo seis años. — Raúl

Yo _____ _____ años.

4. Escribe.

Eduardo tiene diez años.
Raúl tiene _____ _____.
Guadalupe _____ _____ _____.
Catalina _____ _____ _____.
Alejandro _____ _____ _____.

diecisiete 17

Unidad 2

 1. Busca y dibuja un círculo en las diferencias.

 2. Colorea el camino para llegar a la mochila.

3. **Completa la serie y repasa.**

4. **Completa el crucigrama.**

diecinueve 19

Unidad 2

 1. **Relaciona.**

1 2 3 4 5
6 7 8 9 10

 2. **Cuenta las letras y escribe.**

lunes = 5 cinco

martes = _____

miércoles = _____

jueves = _____

viernes = _____

sábado = _____

domingo = _____

LECCIÓN 5

 **1. Colorea y repasa.**

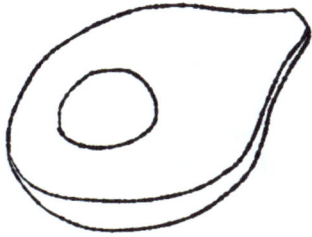

el tomate   el aguacate

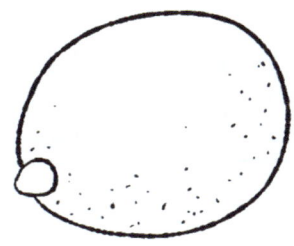

el limón   la cebolla

 2. Busca estas palabras para preparar un guacamole.

```
C A B C A C B O
E U M Ñ O T P Q
B L L E Y I T N
O R O L I M O N
L S A X I C M M
L E X L E T A H
A G U A C A T E
X E R G O N E E
```

veintiuno 21

Unidad 2

LECCIÓN 6

1. **Dibuja objetos de la clase en esta tarjeta. Escucha a tu profesor o profesora y marca.**

2. **Colorea libremente y escribe.**

Mi lunes es amarillo.

Mi martes es _____.

Mi miércoles es _____.

Mi jueves es _____.

Mi viernes es _____.

Mi sábado es _____.

Mi domingo es _____.

22 veintidós

Repasa

3. Marca la respuesta correcta.

1. ¿Cuántos años tiene Tinta?
   a. Tienes 5 años.
   b. Tengo 7 años.
   c. Tiene 8 años.

2. ¿De qué color es la mochila de Tinta?
   a. La mochila es roja.
   b. La mochila es negra.
   c. La mochila es amarilla.

3. ¿Cuántos años tienes tú?
   a. Tengo seis años.
   b. Tengo siete años.
   c. Tengo ocho años.

4. Busca los materiales para la clase.

B	L	I	B	R	O	J	P
K	L	S	M	N	Ñ	P	E
Q	G	A	R	T	S	T	G
M	O	C	H	I	L	A	A
V	M	A	W	J	A	I	M
X	A	P	Y	E	P	X	E
Z	B	U	C	R	I	R	N
D	F	N	G	A	Z	O	T
H	J	T	K	S	M	N	O
C	U	A	D	E	R	N	O
Z	X	S	V	T	J	M	K

veintitrés

Unidad 3

¿Qué ropa llevas?

 1. **Repasa las palabras.**

el abrigo azul

el vestido amarillo

el bañador naranja

el gorro verde

la camiseta roja

los zapatos grises

 2. **Escucha y colorea.**

3. Busca estos colores.

gris rojo verde
amarillo rosa marrón
naranja morado negro

```
N E G R O B M D
A A E O I O O A
R X Y J Z Ñ R M
A Q T O V A A A
N F X V G L D R
J H Z E R U O R
A M A R I L L O
K L N D S N D N
P Q C E R S O T
V X O R O S A Z
```

4. Colorea los gorros.

gris amarillo naranja
rojo rosa
morado azul verde
marrón negro

5. Completa la serie y explícalo.

¿Qué tiempo hace?

llueve	☀	🌧	☀		

hace sol	❄	🌧		❄	

hace frío	🌧	☀			

Unidad 3

 1. Relaciona, colorea, dibuja y explica.

 2. Dibuja la ropa que falta y di qué es.

3. Relaciona y escribe la palabra que falta.

Llevo unos _____ naranjas.

Llevo una _____ morada.

Llevo unos _____ marrones.

4. Repasa y clasifica las palabras.

un paraguas    un gorro

un bañador

un vestido    un abrigo

Cuando llueve, llevo...	Cuando hace frío, llevo...	Cuando hace calor, llevo...

Unidad 3

 1. Lee y relaciona.

La  está en la mesa. ●   ●

Los  están en la silla. ●   ●

Los  están en la mochila. ●   ●

 **2. Encuentra las siete diferencias.**

LECCIÓN 3

  3. Cuenta: ¿Cuántos hay?

 **4. Repasa las palabras y relaciona.**

la falda

el vestido

los zapatos

el bañador

veintinueve 29

Unidad 3

 1. Busca en la sopa de letras las estaciones del año.

```
W H I T V M N H J
A   N S R I Ñ L
R O V S C A R E S
P R I M A V E R A
P A E Ñ A E A L R
G A R   A R J N A
Ñ O N S H A E F O
R Y O E S N T   E
R D A O T O Ñ O Y
```

la primavera

el verano

el otoño

el invierno

 2. Completa los árboles y escribe el nombre de las estaciones.

30 treinta

1. **Haz un círculo a la ilustración que no es de los gauchos.**

| el gaucho | el sombrero | las botas | el pañuelo | el bañador |

| la gaucha | el vestido | el gorro | las botas | el caballo |

2. **Completa las palabras y colorea la bandera.**

 las b__t___

 el p__ñuel__

 el s__mbr__r__

treinta y uno

Unidad 3

LECCIÓN 6

 1. Completa el nombre de la ropa y descubre la palabra secreta.

 2. Dibuja la ropa según el tiempo que hace.

Repasa

3. **Lee y dibuja.**

¡Hola! Me llamo Mateo.

Me gusta mi ropa porque es preciosa.

Llevo unos pantalones  verdes, una camiseta  amarilla y unos zapatos  marrones.

4. **Busca la ropa.**

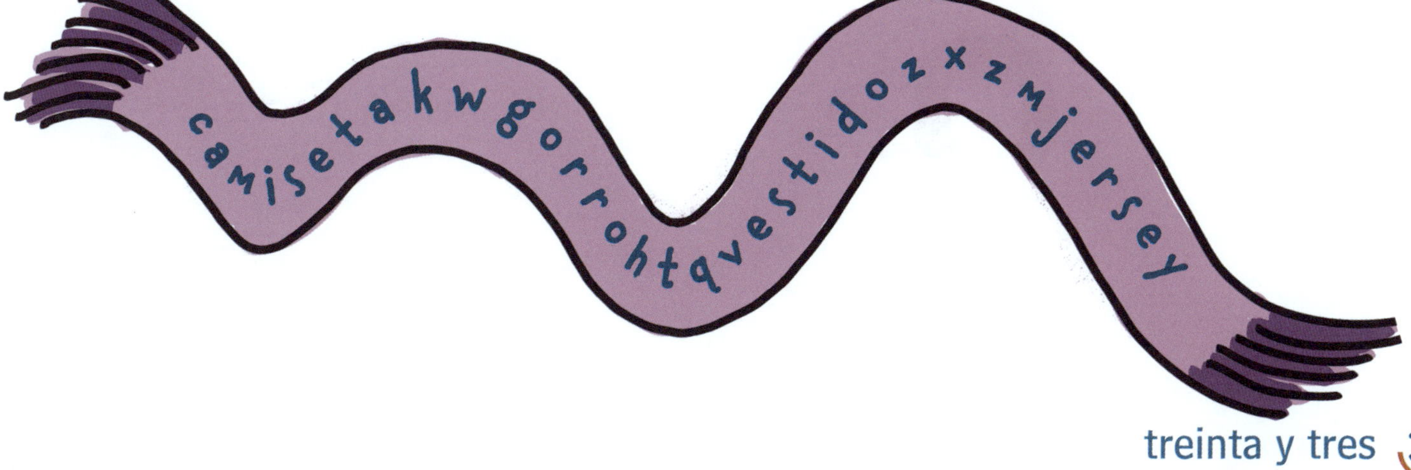

camisetakwgorrohtqvestidozxzmjersey

treinta y tres 33

Unidad 4

¿Cómo eres?

 1. Repasa y colorea las partes del cuerpo.

la nariz

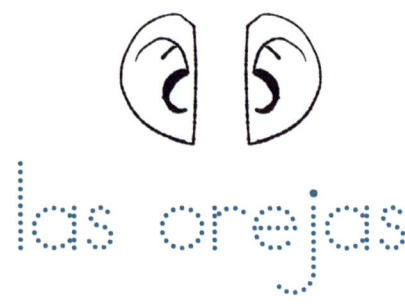
las orejas

la boca

las piernas

las manos

 **2. Observa, escribe la letra y relaciona.**

   •   •   Tiene los ojo___ azules.

   •   •   Tiene el pelo negr___.

   •   •   Tiene las orejas ros___s.

   •   •   Tiene la boc___ grande.

34 treinta y cuatro

3. Observa, rodea los juguetes y repasa.

el tren
el osito
el robot
el coche
la muñeca
la bicicleta

4. Escucha y colorea.

Unidad 4

1. Lee y colorea los ojos.

a. Tengo los ojos verdes.   c. Tengo los ojos marrones.

b. Tengo los ojos azules.   d. Tengo los ojos negros.

2. Relaciona y colorea.

a. la boca   rubio   

b. las orejas   negros   

c. los ojos   roja   

d. el pelo   rosas   

3. Escucha y elige.

a.  Tengo... — ☐  un osito de peluche — ☐  un tren

b.  Tengo... — ☐  una pelota — ☐  una bicicleta

c.  Tengo... — ☐  un tren — ☐  una muñeca

d.  Tengo... — ☐  un coche — ☐ una bicicleta

 4. Escucha y marca si les gusta **o no** .

a.    c.    e.

b.    d.    f.

treinta y siete 37

Unidad 4

1. **Repasa y relaciona.**

   a. Estoy contento. •

   b. Estoy triste. •

   c. Estoy contenta. •

   d. Estoy triste. •

2. **Lee y marca el juguete de cada personaje.**

Tengo una pelota pequeña.

Tengo un robot grande.

Tengo una pelota grande.

Tengo un robot pequeño.

38 treinta y ocho

LECCIÓN 3

3. Lee y dibuja al monstruo.

¡Hola! Me llamo Pepe y soy un monstruo.
Tengo 3 cabezas.
Tengo el pelo rubio.
Tengo 6 ojos pequeños.
Tengo 4 orejas grandes.
Tengo 3 narices grandes.
Tengo 5 bocas pequeñas.
Tengo 1 brazo.
Tengo 7 piernas.

4. Colorea, marca si te gusta y busca un compañero para jugar con tu juguete.

Me gusta el tren. ¿Quieres jugar conmigo con el tren?

me gusta   no me gusta

treinta y nueve

Unidad 4

 **1.** Escucha la canción y escribe la palabra correcta.

Los cinco sentidos

Como, como con la _____.
Veo, veo con los _____.
Escucho, escucho con las _____.
Toco, toco con las _____.
Huelo, huelo con la _____.

 **2.** Observa y marca.

	como	veo	escucho	toco	huelo
flores					
batería					
libros					
basura					
helados					
hielo					
pluma					

40 cuarenta

LECCIÓN 5

 1. Escribe los números que faltan en la rayuela.

 2. Di de qué color es. Tu compañero colorea.

El 1 es azul.

Vale. El 2 es…

cuarenta y uno 41

Unidad 4

LECCIÓN 6

1. Cuenta las partes del cuerpo. Luego, habla con tu compañero y decide el color de cada una.

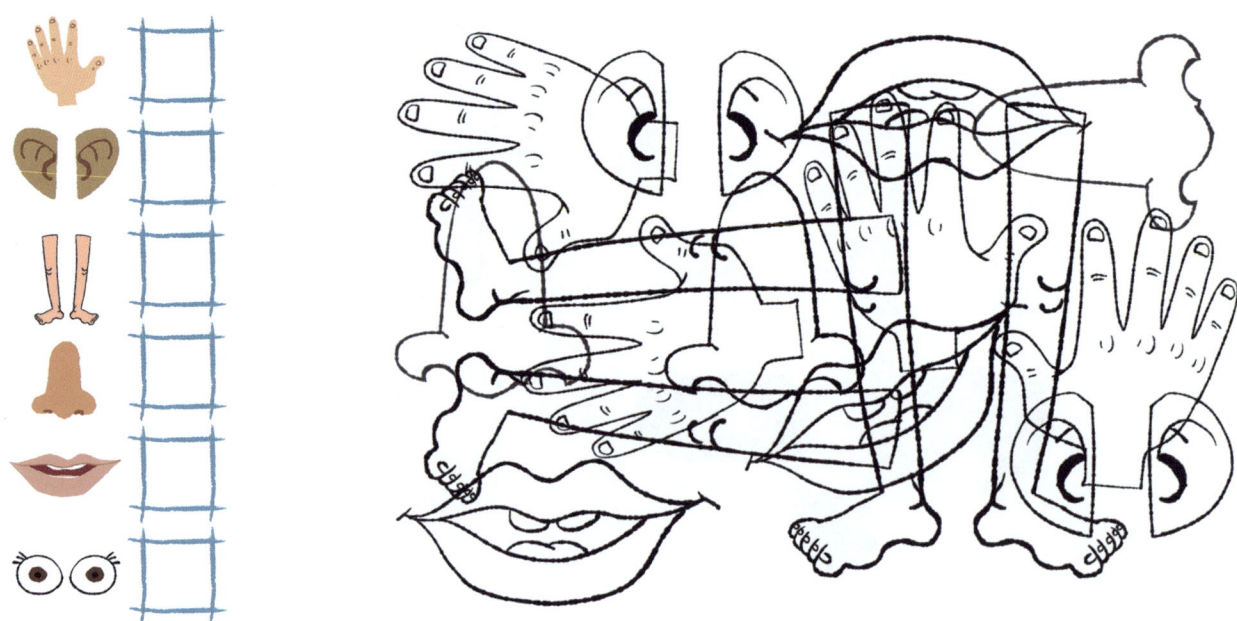

2. Completa con el nombre del juguete.

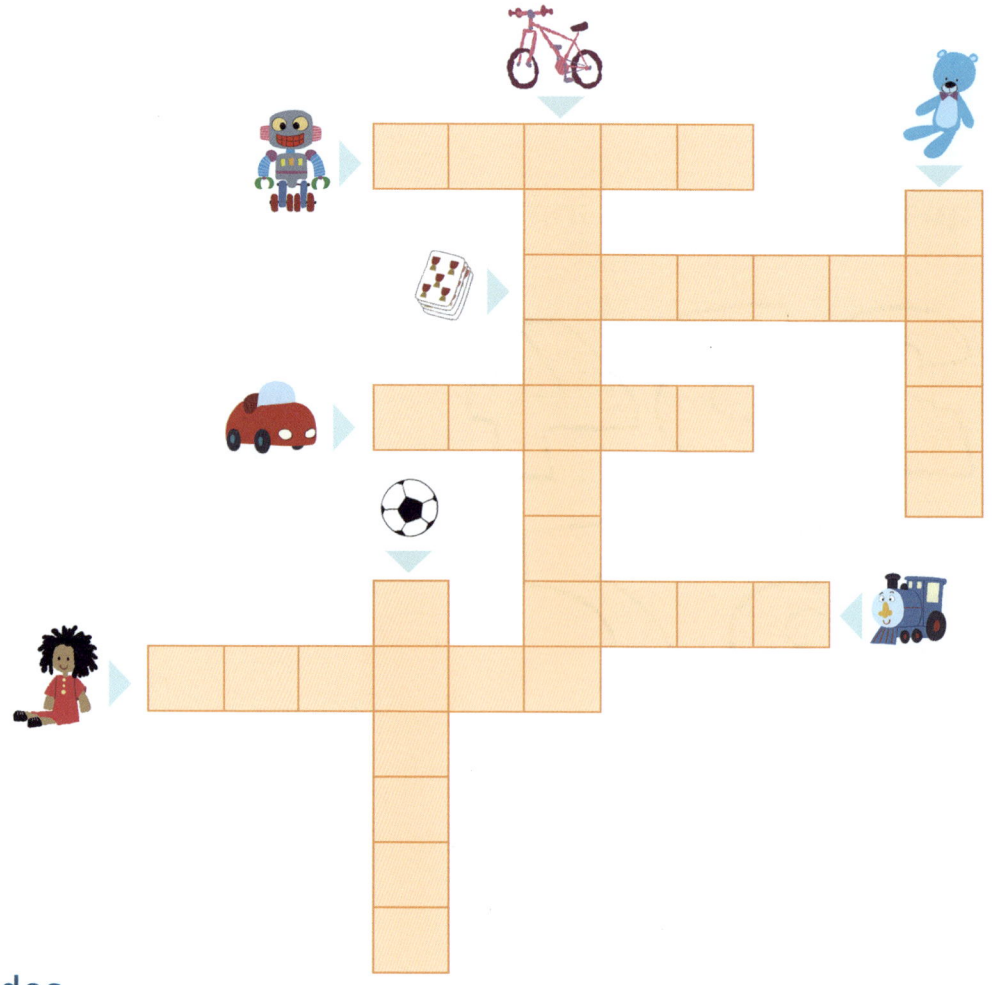

cuarenta y dos

Repasa

3. Busca las partes del cuerpo.

pierna		mano
ojo		brazo
pelo		boca
nariz		oreja
cabeza		pie

4. Cuenta y escribe.

☐ pelotas grandes   ☐ coches grandes   ☐ bicicleta grande

☐ pelotas pequeñas   ☐ coches pequeños   ☐ bicicletas pequeñas

cuarenta y tres

Unidad 5

¡Vamos al zoo!

 1. Repasa las palabras.

el oso   el león   la llama

el elefante   el canguro

el tigre   el mono   la jirafa

 2. Encuentra los animales en la sopa de letras.

L	W	Q	Y	Ñ	S	T	R	T	X	C
L	Z	B	J	T	Q	Ñ	T	K	Q	A
A	V	W	I	M	T	M	L	E	O	N
M	G	H	R	O	I	C	H	K	S	G
A	Ñ	R	A	N	G	M	B	N	O	U
R	S	T	F	O	R	U	B	C	D	R
F	G	H	A	J	E	K	L	M	N	O
E	L	E	F	A	N	T	E	Ñ	P	Q

44   cuarenta y cuatro

3. Lee, relaciona y explica.

a. El pato es… •

b. El oso panda es… •

c. El elefante es… •

d. El león es… •

e. La jirafa es… •

4. Relaciona y forma los nombres de los animales.

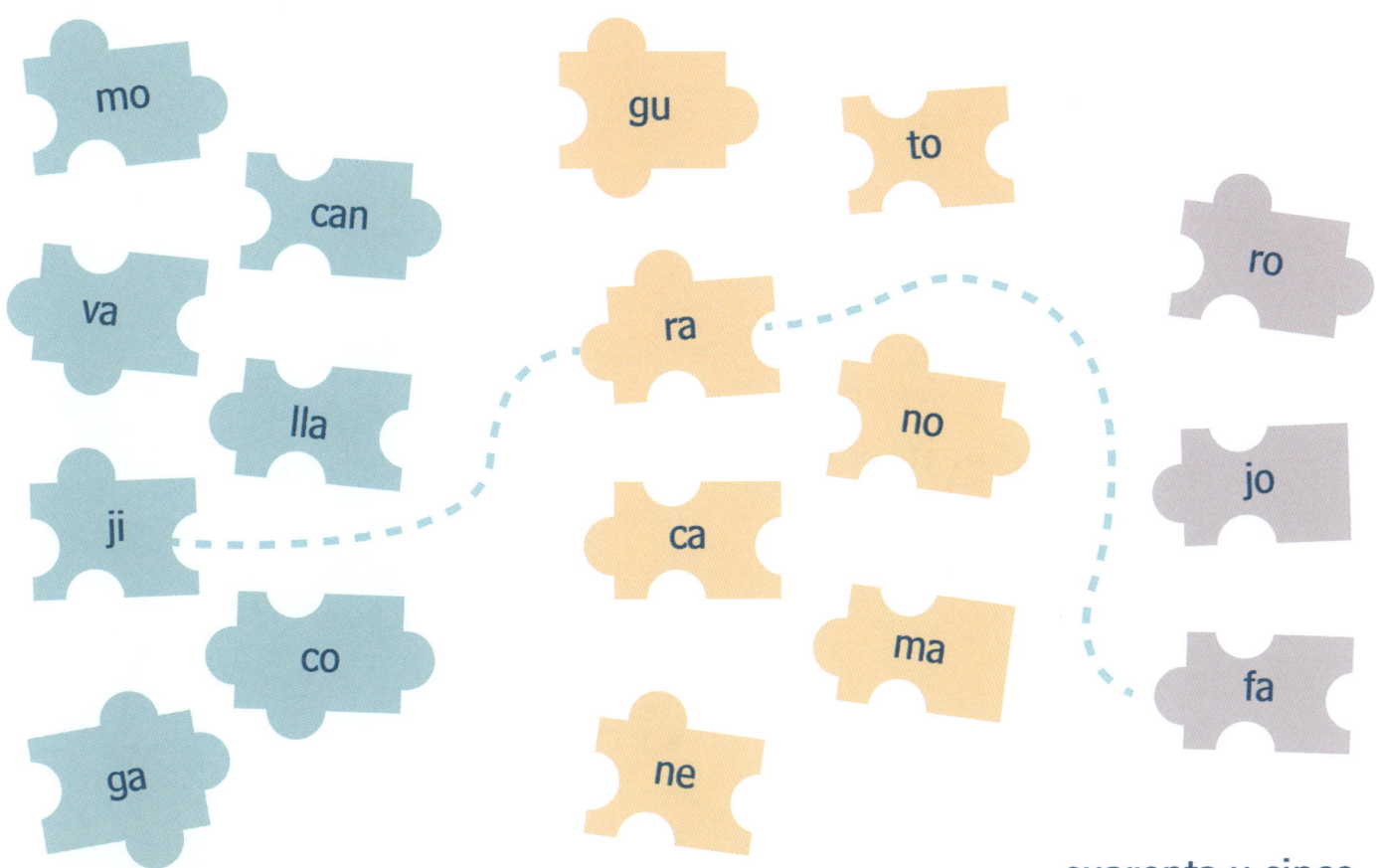

cuarenta y cinco **45**

Unidad 5

1. **Clasifica los animales.**

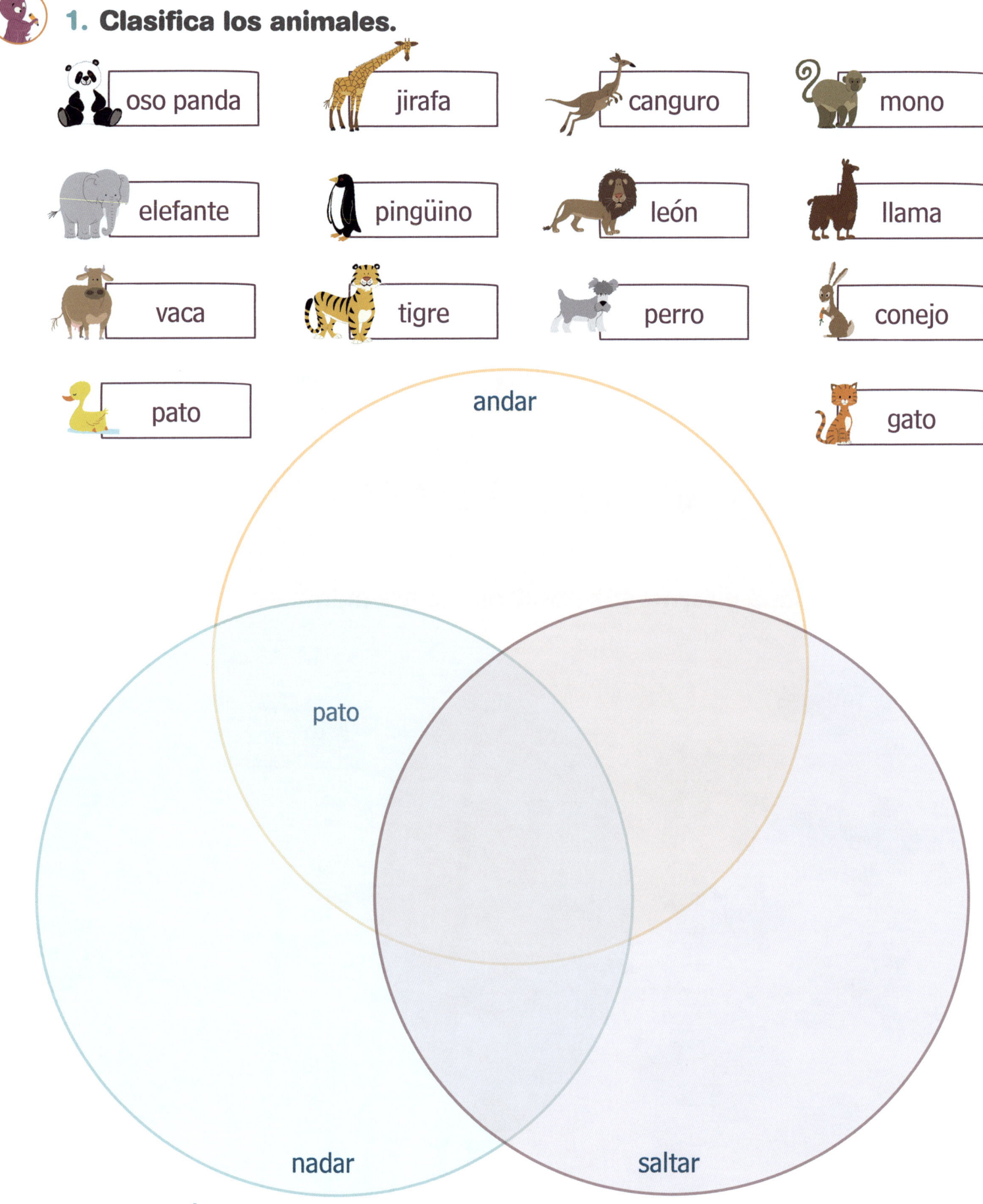

LECCIÓN 2

 **2. Lee y colorea los monos.**

a. El mono negro está con la jirafa.

b. El mono marrón está con el pato.

c. El mono gris está con el tigre.

d. El mono blanco está con el elefante.

 **3. Cuenta y escribe.**

🦒 + 🦒 + 🦒 + 🦒 + 🦒 + 🦒 = ☐ _____

🦁 + 🦁 = ☐ _____

🐧 + 🐧 + 🐧 + 🐧 + 🐧 + 🐧 + 🐧 = ☐ _____

🐯 + 🐯 + 🐯 + 🐯 + 🐯 = ☐ _____

🦌 + 🦌 + 🦌 + 🦌 + 🦌 = ☐ _____

🐒 + 🐒 + 🐒 + 🐒 + 🐒 + 🐒 + 🐒 + 🐒 = ☐ _____

🦙 + 🦙 + 🦙 + 🦙 = ☐ _____

cuarenta y siete 47

Unidad 5

1. **Relaciona.**

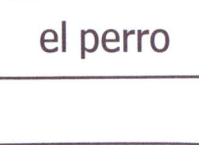 el perro

 la vaca

 el pato

 el tigre

 el mono

el gato

¡Cua, cua!

¡Guau, guau!

¡Uh, uh, ah, ah!

¡Muu, muu!

¡Miau, miau!

¡Grrrr, grrrr!

2. **Escribe.**

a. Es un  __ __ __ __. Es de color __ __ __ __ __.

d. Es un  __ __ __ __ __ __ __ __. Es de color __ __ __ __.

c. Es un  __ __ __ __. Es de color __ __ __ __ __ __.

b. Es una  __ __ __ __ __. Es de color __ __ __ __ __.

e. Es un  __ __ __ __ __. Es de color __ __ __ __ __.

48 cuarenta y ocho

3. Ordena las letras y encuentra el animal.

oos _____   rafiaj _____

fteelean _____   regit _____

ojenco _____   oguacnr _____

4. Dibuja un animal fantástico con cuatro orejas, seis colas, tres ojos, cinco patas, dos alas y un pico. Describe tu animal.

Mi animal fantástico se llama _____.

Es _____.

Unidad 5

1. **Señala el intruso.**

a. el gato — el oso panda — el perro

b. la vaca — el canguro — el tigre

c. el león — el conejo — el pato

d. la jirafa — el gato — el elefante

2. **Relaciona dónde vive cada animal.**

el pingüino

el gato

la vaca

el pato

el oso panda

el mono

LECCIÓN 5

1. **Lee y relaciona.**

   Es alta.

   Es baja.

   Tiene las orejas pequeñas.

   Tiene las orejas grandes.

   Es marrón.

   Tiene la nariz pequeña.

la alpaca   la llama

2. **Dramatiza: tus compañeros preguntan y adivinan el animal.**

   Tengo siete años.

   Soy gris.

   Soy grande.

   ¿Cuántos años tienes?

   ¿De qué color eres?

   ¿Eres grande o pequeño?

cincuenta y uno 51

Unidad 5

1. Suma y colorea.

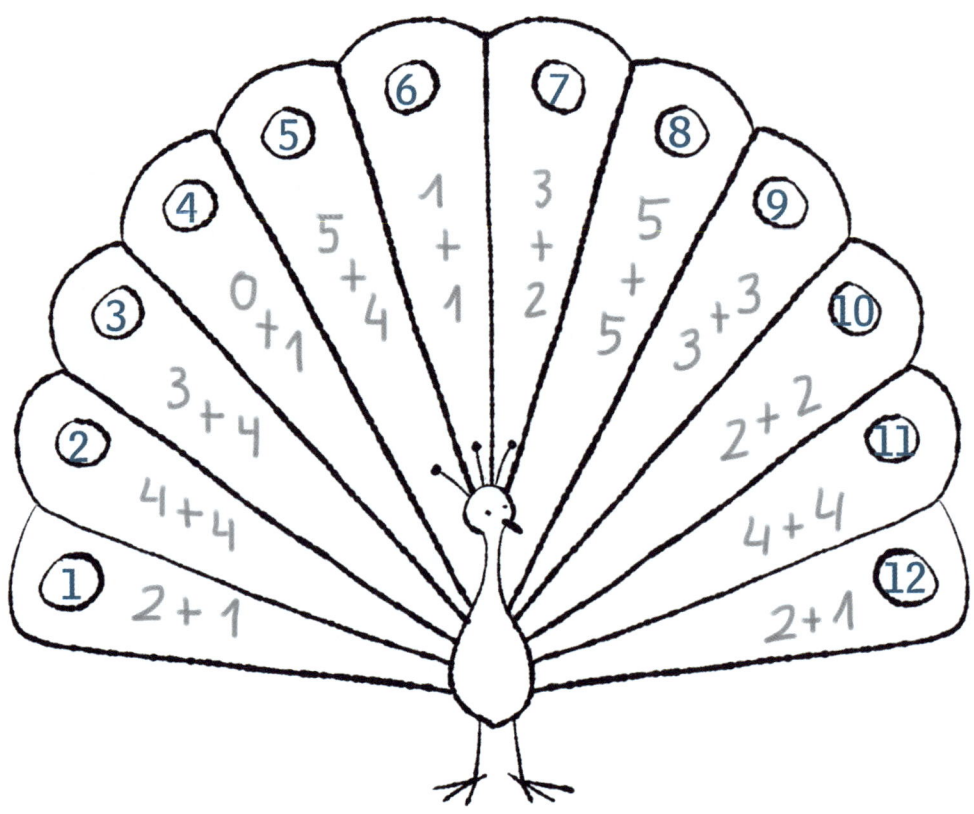

1 = amarillo
2 = verde
3 = rojo
4 = azul
5 = rosa
6 = negro
7 = gris
8 = violeta
9 = marrón
10 = naranja

2. Observa el dibujo y escribe el nombre del animal.

Repasa

3. **Clasifica.**

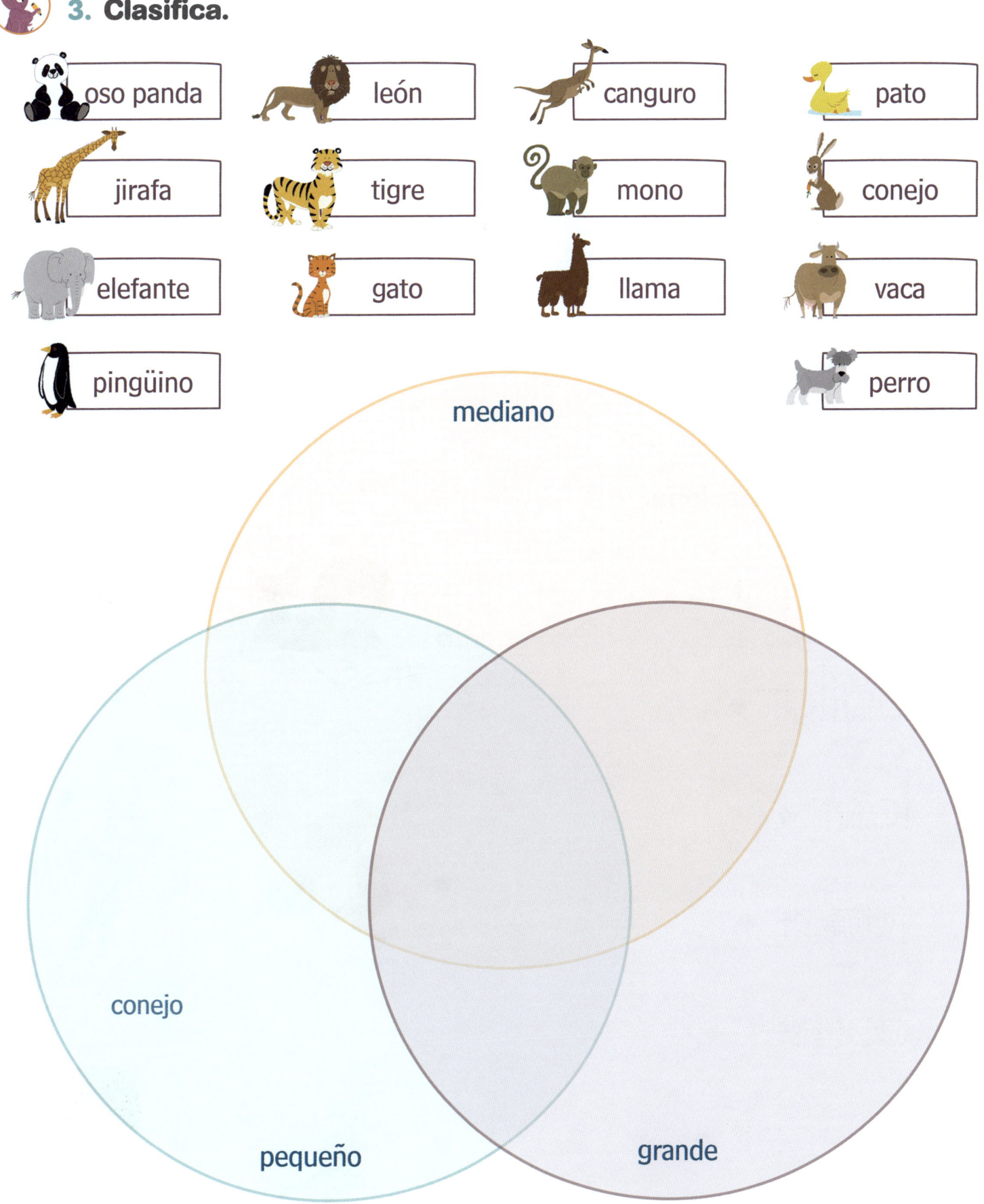

oso panda · león · canguro · pato · jirafa · tigre · mono · conejo · elefante · gato · llama · vaca · pingüino · perro

mediano

conejo

pequeño grande

Unidad 6

Esta es mi familia

1. Observa y completa.

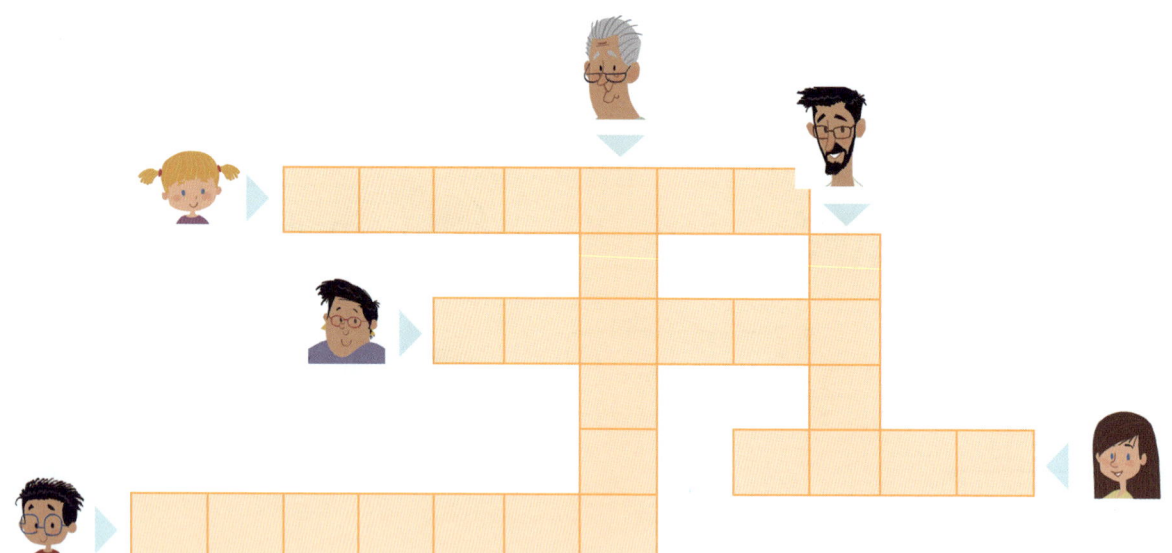

2. Repasa y relaciona.

dibujar •

bailar •

leer •

jugar •

comer •

correr •

3. Escucha y selecciona qué les gusta hacer y con quién.

¡Hola! Soy Sofía.

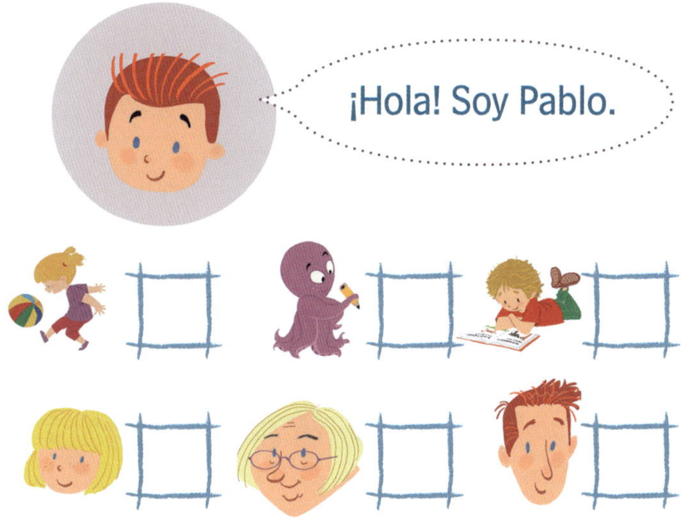

¡Hola! Soy Pablo.

¡Hola! Soy Cristina.

¡Hola! Soy Lucas.

 4. Lee y relaciona.

a. Me gusta dibujar •      • el libro

b. Me gusta leer •      • con la pelota o la muñeca

c. Me gusta jugar •      • con los lápices de colores

d. Me gusta escribir •      • con el lápiz

cincuenta y cinco 55

Unidad 6

1. **Repasa la palabra, busca y rodea.**

¿Dónde está la mamá de Mateo?

¿Dónde está el hermano de Valentina?

¿Dónde está la hermana de Sofía?

¿Dónde está el abuelo de Cristina?

¿Dónde está el papá de Pablo?

2. **Clasifica las palabras: ¿te gusta…?**

dibujar   leer   comer   bailar

escribir   correr   jugar

me gusta 🙂	no me gusta 🙁

56 cincuenta y seis

3. Escucha y colorea.

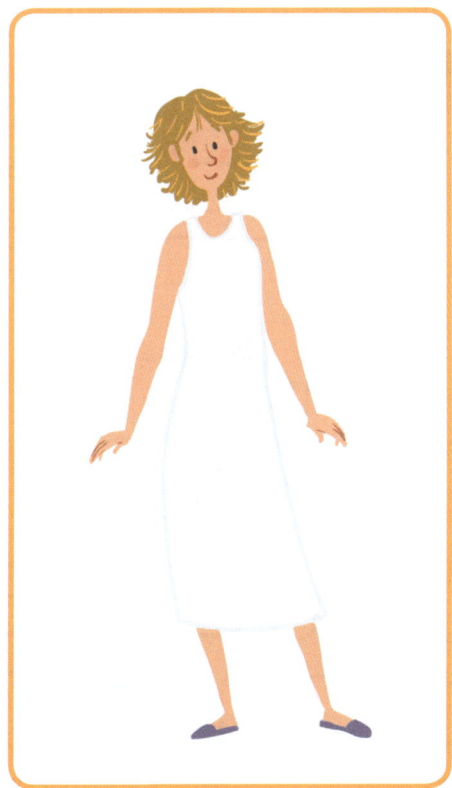

4. Lee y dibuja la familia de Pablo.

¡Hola! Soy Pablo y esta es mi familia:
Mi papá tiene el pelo moreno y tiene una camisa verde.
Mi hermana tiene el pelo rubio y tiene una falda azul.
Mi abuela tiene el pelo blanco y tiene un vestido naranja.

cincuenta y siete 57

Unidad 6

 1. Dibuja el camino para llegar a la familia.

 2. Busca los sentimientos.

B	T	R	I	S	T	E	E	R	Z	Ñ
S	T	R	Y	O	V	P	N	M	A	Ñ
Q	Y	T	H	R	Ñ	C	F	X	Z	E
B	C	C	D	P	F	A	A	G	H	N
S	O	R	P	R	E	N	D	I	D	F
J	N	K	L	E	M	S	A	N	Ñ	A
P	T	C	A	N	S	A	D	O	Q	D
R	E	S	T	D	V	D	U	W	X	A
Y	N	Z	A	I	E	O	I	O	U	D
L	T	O	V	D	E	T	B	A	R	A
U	O	E	C	O	N	T	E	N	T	A

3. Mira, lee y elige el sentimiento.

a. Valentina está
contenta/triste/enfadada.

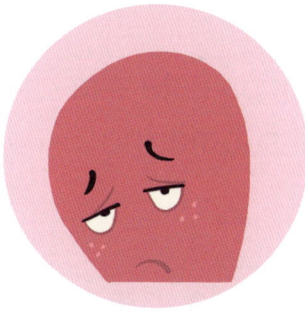

b. Tinta está
contento/triste/sorprendido.

c. Sofía está
enfadada/sorprendida/cansada.

d. Mateo está
contento/enfadado/cansado.

e. Cristina está
contenta/cansada/enfadada.

4. Escribe la letra que falta y relaciona.

a. El abuel__ de Valentina está content__   •   •

b. La mam__ de Mateo está content__   •   •

c. La herman__ de Cristina está enfadad__   •   •

d. El herman__ de Pablo está enfadad__   •   •

Unidad 6

LECCIÓN 4

1. Repasa y relaciona.

El papá está a la **derecha** del submarino.

El abuelo está **delante** del submarino.

La abuela está **detrás** del submarino.

La mamá está a la **izquierda** del submarino.

2. Observa y colorea en verde Raúl mirando a la derecha y en naranja Raúl mirando a la izquierda.

60 sesenta

LECCIÓN 5

 1. Colorea Cuba.

 2. Lee y relaciona.

cubana   cubanos   cubanas   cubano

sesenta y uno 61

Unidad 6

LECCIÓN 6

 **1.** Juega: di el nombre en español.

Salida

¡Adiós!

sesenta y dos

Repasa

2. Lee y completa.

Me llamo _____

Tengo _____ **años**

Mi cara:

¿Cómo estás?
Estoy…

Mi color ☐

Mi familia

Mi juguete:
Me gusta…

Mi país _____

sesenta y tres 63

Pistas de audio

Unidad 1 • ¡Hola! ¿Cómo te llamas?

- 🎧 1 Mateo y Valentina
- 🎧 2 Las vocales
- 🎧 3 Hola y adiós
- 🎧 4 Se llama…
- 🎧 5 Cinco países

Unidad 2 • Esta es mi mochila

- 🎧 6 Los brazos de Tinta

Unidad 3 • ¿Qué ropa llevas?

- 🎧 7 La ropa de Mateo y Valentina

Unidad 4 • ¿Cómo eres?

- 🎧 8 La muñeca y el robot
- 🎧 9 Tengo un juguete
- 🎧 10 ¿Bonito o feo?

Unidad 6 • Esta es mi familia

- 🎧 11 Me gusta leer
- 🎧 12 Llevo un vestido morado